열두 살 궁그미를 위한
정치

World Politics in 100 Words
©2020 Quarto Publishing plc
Illustrations © 2020 Paul Boston
First published in 2020 by words & pictures, an imprint of The Quarto Group.
All rights reserved.
Korean translation copyright© 2022 by Nikebooks
This Korean edition published by arrangement with The Quarto Group through
YuRiJang Literary Agency.

이 책의 한국어판 저작권은 유리장 에이전시를 통해 저작권자와 독점 계약한
니케북스에 있습니다. 저작권법에 의하여 한국 내에서 보호를 받는 저작물이므로
무단전재 및 복제를 금합니다.

열두 살 궁그미를 위한

정치

엘리너 레븐슨 글
폴 보스톤 그림
김혜림 옮김

바케주니어

차례

- 6 | 이 책을 읽는 방법
- 8 | 책머리에
- 10 | 정치
- 11 | 민주주의
- 12 | 정치인
- 13 | 권위
- 14 | 관료주의
- 15 | 정부
- 16 | 민족
- 17 | 자주권
- 18 | 포퓰리즘
- 19 | 민족주의
- 20 | 무정부 상태
- 21 | 합법성
- 22 | 정책
- 23 | 강령
- 24 | 경선
- 25 | 투표
- 26 | 제국주의
- 27 | 독립
- 28 | 행정부
- 29 | 입법부
- 30 | 사회운동가
- 31 | 민중
- 32 | 여론조사
- 33 | 국민투표
- 34 | 교육
- 35 | 나라
- 36 | 권리
- 37 | 책임
- 38 | 유토피아
- 39 | 디스토피아
- 40 | 페미니즘
- 41 | 관용
- 42 | 정치 선전
- 43 | 스핀
- 44 | 미디어
- 45 | 시사평론가
- 46 | 빈곤
- 47 | 부자
- 48 | 자본주의
- 49 | 사회주의
- 50 | 경제학
- 51 | 재무
- 52 | 예산
- 53 | 부채
- 54 | 좌파
- 55 | 우파
- 56 | 전쟁
- 57 | 조약
- 58 | 지도자
- 59 | 독재자
- 60 | 부패
- 61 | 스캔들
- 62 | 청원
- 63 | 저항
- 64 | 동맹
- 65 | 공화국
- 66 | 후보자
- 67 | 지역구

68 | ⋯ 토론	83 | ⋯ 상거래	98 | ⋯ 선거	110 | ⋯ 용어사전
69 | ⋯ 웅변술	84 | ⋯ 재산	99 | ⋯ 국가	
70 | ⋯ 정당	85 | ⋯ 세금	100 | ⋯ 로비	
71 | ⋯ 야당	86 | ⋯ 애국심	101 | ⋯ 환경보호주의	
72 | ⋯ 위원회	87 | ⋯ 인종차별주의	102 | ⋯ 법	
73 | ⋯ 감사	88 | ⋯ 연방제도	103 | ⋯ 사법부	
74 | ⋯ 국민	89 | ⋯ 지방분권	104 | ⋯ 자유주의	
75 | ⋯ 계급	90 | ⋯ 종교	105 | ⋯ 보수주의	
76 | ⋯ 헌법	91 | ⋯ 세속주의	106 | ⋯ 가치관	
77 | ⋯ 평등	92 | ⋯ 공산주의	107 | ⋯ 쿠데타	
78 | ⋯ 세계화	93 | ⋯ 혁명	108 | ⋯ 자유	
79 | ⋯ 이데올로기	94 | ⋯ 개성	109 | ⋯ 행복	
80 | ⋯ 산업화	95 | ⋯ 공개 지지		
81 | ⋯ 조합	96 | ⋯ 군주제		
82 | ⋯ 국내총생산	97 | ⋯ 군대		

★☆★ 이 책을 읽는 방법 ★☆★

국가
나라를 어떻게 운영하는지,
정부가 할 수 있는 일과 없는 일에 관한
규정을 누가 만드는지 설명하는 단어

시민의식
사회구성원으로서 갖춰야 할
개인의 역할에 관한 단어

개념
작은 것에서 큰 것까지
우리가 사는 방식에 영향을
미치는 생각에 관한 단어

경제
살아가는 데 필요한 자원과
서비스를 생산하고 소비하는
활동에 관한 단어

미디어
세상에 일어나는 일들에 대한
정보를 주고 받는
활동에 관한 단어

각 페이지 번호 옆에 있는 작은 그림을 주의해서 보세요. 설명하는 단어가 어떤 주제와 관련 있는지 보여준답니다. 두 개 이상의 주제와 연관된 단어들도 있어요.

정치인

정치인은 국가나 지역 운영의 주체가 되려는 사람들로 지역을 대표하기도 하고, 국가 운영을 책임지기도 합니다. 이들은 자신들이 대표하는 지역의 사람들이 따라야 하는 법률을 제정하고, 어떻게 법을 집행할지 결정합니다. 예를 들어, 국가를 운영하는 정치인들이 각 시·도에 재정을 지원하면, 각 시·도의 정치인들은 그 자금을 어떻게 쓸지 결정합니다.

권위

권위는 권력을 가진 사람들이 그 자리에 있을 자격이 있는지에 대한 생각입니다. 선거에서 이기거나 대중의 지지를 얻으면 이 자격을 갖게 됩니다. 어떤 나라에서는 신이나 종교적 존재가 권위를 부여한다고 믿기도 합니다.

권위는 어떤 일을 누군가에게 시킬 때 사람들이 그것을 인정하고 받아들일 때 가능합니다. 예를 들어, 학생들이 선생님 말씀을 들어야 한다고 생각해야만 교실에서 선생님 권위가 생기는 것과 같아요.

★☆★ 책머리에 ★☆★

외딴 동굴에 은둔해 살면서 아무도 만나지 않고 아무것도 사지 않는 사람이 아니라면 누구나 정치를 알아야 합니다. 내가 학교에 다닐 수 있는지, 아플 때 건강보험을 이용할 수 있는지, 무엇을 사고팔 수 있는지, 원할 때 길거리를 다닐 수 있는지 등은 모두 정치 방식, 정치인들, 그리고 이들이 내리는 정치적 의사결정에 영향을 받으니까요.

나라마다 정치체제와 문화는 다릅니다. 하지만 세상을 바꾸거나 그대로 유지하려면 세상이 어떻게 움직이는지 알아야 해요. 이 책은 정치에 흥미를 갖기 시작할 때 마주칠 단어와 개념을 설명하여 이해를 도와준답니다.

정치적 개념 100개의 정의를 내리는 것은 매우 어려운 일이었어요. 100단어를 선정하는 것부터 쉽지 않고요. 하지만 정치가 무엇인지 명확하게 설명하고, 나이

에 상관없이 정치를 이해할 수 있게 만드는 작업은 매우 중요하다고 생각해요. 정치가 어떻게 이루어지는지 알면 내가 그것에 얼마큼 관여할 것인지를 정할 수 있으니까요. 하지만 몇 년에 한 번 투표하고 정치를 잊고 살 것인지, 법과 체제를 바꾸려는 노력에 참여할 것인지에 상관없이 우리 모두는 세상과 나를 둘러싼 사람들에게 관심을 가져야 해요.

다시 생각해 보니, 은둔자도 정치를 알아야 하네요! 만약 정치인들이 동굴을 모두 빼앗겠다고 한다면, 그것에 대해 어떻게 반대할지 알아야 하니까요.

- 엘리너 레븐슨

정치

기원전 4세기경 그리스의 철학자 아리스토텔레스는 〈정치학Politics〉이라는 책을 통해 나라를 다스리는 여러 방법과 문제점을 살펴보았어요. 오늘날에는 누가 어떤 방식으로 나라를 운영할지 결정하는 것을 정치라고 하지요. 사람들은 선거에 출마하거나 정치적 동료를 만들고 언젠가 힘이 생기면 무엇을 할지를 고민하며 권력을 얻기 위해 노력합니다.

민주주의

민주주의는 영어로 '데모크라시 democracy'라고 해요. 그리스어 '데모스 demos, 국민'와 '크라토스 kratos, 다스리다'에서 기원하며, '국민이 다스린다'는 뜻입니다. 한자를 살펴보면 '民 민'은 국민, '主 주'는 주인, 즉 나라의 주인이 국민이라는 의미입니다.

오늘날 민주주의를 채택한 나라들은 자신들의 형편에 맞게 직접민주주의나 대의민주주의를 실행해요. 직접민주주의는 투표권을 가진 국민이 모든 사안에 대해 의사를 직접 표현하며 그 결과가 직접적으로 나타난다는 장점이 있어요. 하지만 인구가 많고 사회적으로 복잡한 나라에서는 효율성에 따라 대의민주주의를 시행하지요. 대의민주주의에서는 국민들이 자신의 의견을 대변할 대표를 선출하고, 이들에게 자신의 권한을 위임합니다. 이들은 국민을 대신해 여러 법안들을 결정하지요. 이렇게 만들어진 법은 평등하게 적용됩니다.

민주주의에서는 선거에서 승리한 사람이나 정당에 나라의 운영을 맡깁니다. 비록 자신이 투표한 사람이 승리하지 못했더라도 승자의 결정을 받아들입니다. 그것이 민주주의입니다.

정치인

정치인은 국가나 지역 운영의 주체가 되려는 사람들로 지역을 대표하기도 하고, 국가 운영을 책임지기도 합니다. 이들은 자신들이 대표하는 지역의 사람들이 따라야 하는 법률을 제정하고, 어떻게 법을 집행할지 결정하지요. 예를 들어, 국가를 운영하는 정치인들이 각 시·도에 재정을 지원하면, 각 시·도의 정치인들은 그 자금을 어떻게 쓸지 결정합니다.

권위

권위는 권력을 가진 사람들이 그 자리에 있을 자격이 있는지에 대한 생각입니다. 선거에서 이기거나 대중의 지지를 얻으면 이 자격을 갖게 되지요. 어떤 나라에서는 신이나 종교적 존재가 권위를 부여한다고 믿기도 합니다.

권위는 어떤 일을 누군가에게 시킬 때 사람들이 그것을 인정하고 받아들일 때 가능합니다. 예를 들어, 학생들이 선생님 말씀을 들어야 한다고 생각해야만 교실에서 선생님의 권위가 생기는 것과 같아요.

관료주의

관료는 정부나 큰 조직의 행정을 맡은 관리나 임원이고, 관료주의는 그런 집단의 특성을 이르는 말입니다. 보통 상급자에게는 약하고 하급자에게는 힘을 내세우려 하며, 규칙만을 내세우고 규정을 강행하는 특성을 보이지요. 한편, 관료주의는 어떤 일을 해나가는 데 명확한 이유 없이 형식적인 서류를 많이 요구하는 것을 뜻하기도 해요.

정부

정부는 입법, 행정, 사법부라는 세 부분으로 이루어져 있어요. 국가를 투명하게 운영하려면 법률을 제정하는 입법부, 법에 따라 나라를 운영하는 행정부, 법을 집행하는 사법부가 각자의 영역에서 서로를 견제해야만 합니다. 이렇게 국가 권력이 분리되어 운영되는 것을 '삼권분립'이라고 해요. 하지만 어떤 나라에서는 국가 조직법에 따라 어느 한 부서가 두 가지 이상의 역할을 맡기도 한답니다.

민족

민족은 어떤 공통점을 바탕으로 한 집단을 이루는 사람들을 말합니다. 그 공통점은 언어, 종교, 역사, 전통, 문화, 영토 등 여러 가지가 될 수 있어요. 대개 민족은 국가 체계나 영토를 가지고 있지만, 그렇지 않을 때도 있습니다. 그럴 때 우리는 '나라 없는 민족'이라는 말을 하지요. 예를 들어 쿠르드족은 서아시아 여러 나라에 흩어져 살고 있지만 국가를 이루지 못하고 있어요.

자주권

다른 나라의 간섭 없이 국가 운영을 결정하는 것을 자주권이라 하고, 그런 국가를 주권국이라고 해요. 이것은 정부의 형태에 상관없이 선거를 통해 수립된 정부, 왕이나 왕비가 모든 것을 결정하는 절대왕정 등에 관계없이 한 국가가 다른 국가나 조직의 간섭을 받지 않고 운영 규칙을 정할 수 있다는 뜻입니다. 하지만 현실적으로 국가는 여러 나라와 다양한 일에 대해 조약을 맺고, 국가들의 관계를 중재하는 국제법을 따라야 한답니다.

포퓰리즘

포퓰리즘은 정치가 엘리트만이 아닌 대중의 의견과 바람을 대변해야 한다는 사상입니다. 이들은 정치를 평범한 사람과 지금 세상을 다스리는 엘리트들 사이의 싸움이라고 생각하지요. 최근에는 포퓰리즘이 인기에 영합하는, 표만 얻을 수 있다면 무엇이든 한다는 부정적 의미로 변질되고 있어요. 포퓰리즘 정치인들은 국민들을 지역적·사상적·경제적으로 갈라 놓으며 그 틈바구니에서 이득을 취하려고 합니다. 예를 들어 경제적으로 부유한 사람들을 자신들밖에 모르는 나쁜 사람으로 몰거나, 특정 지역에 산다는 이유만으로 비하하기도 해요.

민족주의

민족주의는 특정 민족의 이익이 다른 누구의 이익보다 우선한다는 생각이에요. 자기 민족이 다른 나라에 속하지 않고 자주권을 가져야 한다고 믿기 때문에 대부분의 독립운동은 민족주의를 내세웁니다. 민족주의는 사람들 사이의 유사성보다는 차이점을 강조합니다. 각 민족은 서로가 뚜렷이 구분된다고 생각하여 고유의 언어, 음악, 공예, 전통 등에 초점을 맞추지요. 민족주의는 종종 포퓰리즘 수단으로 사용되기도 합니다.

무정부 상태

무정부 상태는 정부나 법, 경찰이 없는 사회예요. 어떤 사람들은 무정부 상태에서는 옳고 그름의 구분이 없어 사람들이 서로 해를 끼칠 것이라고 두려워해요. 그러나 한편에서는 법이 간섭하지 않고 정부가 아닌 구성원들 스스로가 체계를 잡고 움직이는 멋진 사회로 생각하는 사람들도 있어요. 일반적으로 '무정부 상태'라고 하면 책임자가 없고 통제되지 않는 혼돈과 무질서를 의미한답니다.

합법성

어떤 것이 합법성을 갖는다는 의미는 대다수 사람이 옳다고 인정한다는 것이에요. 합법적인 정부는 공정한 선거를 통해 권력을 얻은 정부이고, 법률은 어떤 국가나 조직의 규칙에 따라 적절하게 만들어졌을 때 합법적이라고 해요. 따라서 속임수나 규칙을 어기고 생긴 일은 정치에서 합법적이지 않은 것이에요. 합법성이란 한 사회가 움직이는 방식을 받아들이는 것을 뜻하기도 해요. 내가 뽑은 사람이 선거에서 당선되지 않더라도, 가장 많은 표를 얻은 승자의 권리를 인정하는 것이지요.

정책

의사결정의 바탕이 되는 신념이나 규칙을 정책이라고 해요. 예를 들어 '모든 어린이가 무상으로 교육을 받는다'라는 것도 정책이 될 수 있습니다. 이 정책은 모든 지역에 학교를 세우고 누구나 학교에 다닐 수 있게 하는 법 제정으로 이어질 수 있어요. 따라서 정당은 특정 정책을 채택함으로써 자신들이 나라를 운영하게 되면 그 정책을 실현하겠다고 유권자들에게 공약합니다.

강령

강령은 후보자나 정당이 당선되면 무엇을 할지 유권자에게 공식적으로 제시하는 것이에요. 유권자들과의 약속인 강령을 자세히 살펴보면 후보자들 간의 차이점을 알 수 있습니다. 옛날에는 선거 후보자들이 나무판자로 만든 연단^{플랫폼}에서 자신의 정치 강령을 알렸어요. 그래서 강령의 각 조항을 '플랭크^{plank, 나무판자}', 강령을 '플랫폼^{platform}'이라고 한답니다.

경선

정당을 대표하는 후보자가 되려면 먼저 경선을 거쳐야 해요. 여러 후보자들은 자기가 가장 적합하다며 소속 정당을 설득합니다. 나라와 정당마다 방법은 다르지만, 모든 정당은 일을 가장 잘할 것 같은 후보와 표를 가장 많이 받을 것 같은 후보 중에서 결정을 내려야 해요. 이 둘이 같은 사람일 수도 있답니다.

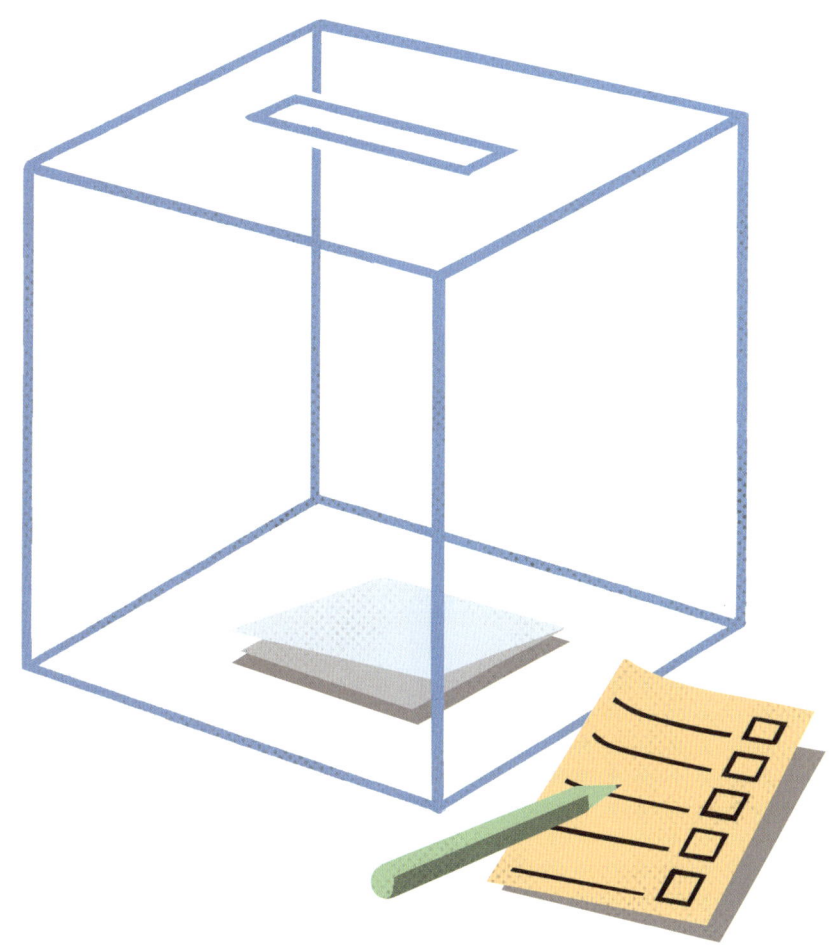

투표

누가 선출되면 좋을지 자신의 의사를 표시하는 것이 투표예요. 투표 방법은 여러 가지가 있습니다. 직접 투표소에 가서 종이나 컴퓨터에 자기 의사를 표시하기도 하고, 회의에서 손을 들어 밝히기도 하지요. 어떤 선거에서는 직접 투표할 수 있고, 또 다른 선거에서는 대표자를 뽑는 투표를 하고 나중에 그 대표자가 다시 투표하기도 해요. 민주주의에서는 모든 사람의 표가 똑같은 가치를 가진답니다.

제국주의

한 나라가 다른 나라의 국민에게 법과 문화를 강요하고 다스릴 때 그것을 제국주의라고 해요. 제국주의는 보통 지배국이 다른 땅을 '발견'한 뒤 자기 것이라고 주장하거나, 전쟁에 이긴 후 패배국을 통치할 때 생깁니다. 예를 들어 로마제국은 주변 지역을 정복하면서 성장한 고대 제국이에요. 따라서 제국의 수도인 로마에서 지도자인 황제가 법을 만들면 제국 전역에 파견된 총독들이 이 법을 실행했고, 지역에서는 이를 따라야만 했어요.

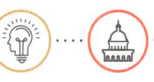

독립

다른 민족의 지배를 받는 민족은 보통 독립을 원해요. 스스로 법을 만드는 정부를 가진 나라를 세운다는 뜻이지요. 어떤 민족에게 독립이란 제국에서 벗어나는 것일 수 있고, 또 어떤 경우에는 과거에 자진해서 가입한 연합을 탈퇴하는 일일 수도 있어요. 독립국은 보통 국경을 정하고 유엔에 가입하여 다른 나라들로부터 인정을 받아야 해요. 한 나라가 독립하려면 투표에서 이기거나 전쟁에서 승리하거나 현재 지배국과 평화로운 협상을 해야 해요.

행정부

정치체계에서 행정부는 나라의 운영을 책임지고 중요한 결정을 내리는 정부기관을 말해요. 행정부는 보통 정부의 우두머리, 그리고 국방, 교육, 외교, 경제 등 특정 분야를 책임지도록 임명되거나 선출된 사람들로 이루어져요. 또 세금으로 걷은 돈을 어떻게 쓰면 좋을지, 교육, 의료, 군대, 도로 등 사회 기반시설을 어떻게 국민에게 제공할지 결정한답니다.

입법부

법을 만드는 국가 기관으로 국회를 의미해요. 민주주의에서 입법부 구성원은 선거를 통해 선출되고, 법률은 이 구성원들의 투표로 만들어져요. 양원제 국가에서는 법률이 통과되려면 두 개의 '원예를 들면 상원과 하원'을 거쳐야 해요. 두 개의 집단은 서로 다른 방식으로 선출될 수도 있고, 때로는 한 집단은 선출되고 다른 하나는 임명되거나 자리를 물려받기도 해요. 입법부는 새로운 법률에 대해 투표할 뿐 아니라, 새 법률이 제대로 기능할지 살펴보고, 때로는 투표를 통해 법률을 개정합니다.

사회운동가

사회의 체계나 법이 변해야 한다는 생각에만 머무르지 않고, 이 변화를 만들기 위해 직접 움직이는 사람들을 사회운동가라고 합니다. 이들은 관공서에 민원을 넣거나 시위를 하고, 청원서에 서명을 받는 등 다양한 일을 해요. 일부 사회운동가들은 자신의 주장을 밝히기 위해 다른 사람의 일상생활을 방해하기도 하고, 주목받기 위해 법을 어기기도 해요.

민중

조직이나 정당의 다수를 차지하는 보통 사람들을 민중 또는 풀뿌리라고 해요. 이름에서 알 수 있듯이 아래(뿌리)에서부터 시작되었다는 의미가 있어요. 따라서 평범한 사람이나 사회활동가로부터 시작된 운동은 풀뿌리 운동이라 부르고, 이런 지도자는 민중을 기반으로 했다고 말해요. 정치가가 민중과 멀어졌다고 하면, 보통 사람들의 생각을 더는 헤아리지 않는다는 뜻이에요.

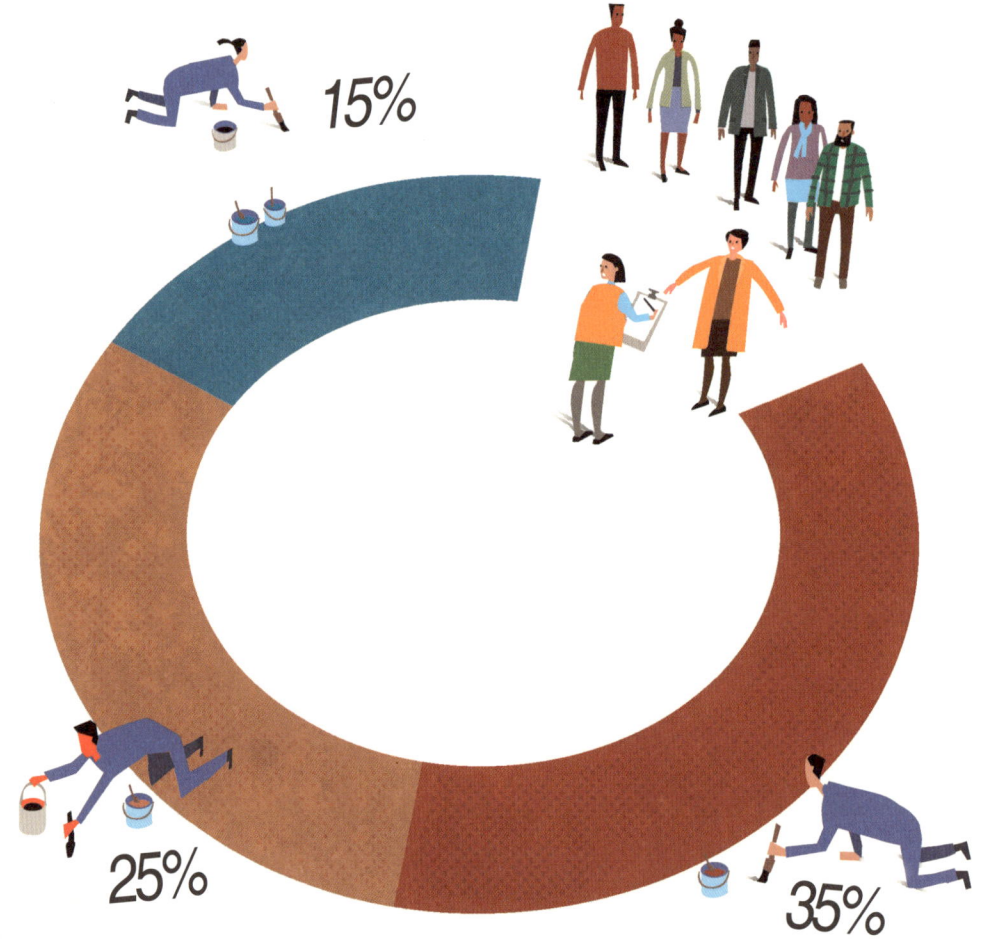

여론조사

특정 문제에 대한 국민들의 의견을 알아보기 위해 표본을 뽑아 조사하는 것을 여론조사라고 합니다. 여론조사는 많은 사람에게 그들의 생각을 물은 뒤 그 결과를 예측하는 거예요. 선거와 여론조사는 국민의 뜻을 묻는다는 점이 같아요. 그리고 의견의 강약에 관계없이 모든 유권자에게 한 표만 주어진다는 점도 비슷해요.

국민투표

정부는 가끔 특정 사항에 관한 국민의 의사를 묻기 위해 모든 국민이 직접 투표에 참여하게 합니다. 일부 국가에서는 헌법을 개정할 때 반드시 국민투표를 하도록 법으로 정해 놓았어요. 스위스는 세계에서 국민투표를 가장 많이 하는 국가로, 매년 서너 번을 한답니다. 국민투표를 비판하는 사람들은 이것이 정치인들의 세력을 약하게 만들고, 특정 문제에 대해 이해가 부족한 유권자들을 현혹하는 포퓰리즘을 부추길 수 있다고 말해요.

교육

어떤 생각, 사실, 기술 등을 배우는 것이 교육입니다. 많은 사람이 학교에서 교육을 받지만, 집에서 공부하거나 연습이나 관찰을 통해 혼자서 배우는 사람들도 있어요. 정치인들이 국민의 힘을 빼앗고 조종하고 싶을 때 교육의 기회를 박탈하기도 해요. 여자이기 때문에 교육을 받을 수 없는 나라도 있고, 부자들만 교육을 받을 수 있는 나라도 있어요. 무언가를 한 번 깨달은 후에는 그것을 되돌리기가 어려워요. 그래서 교육은 사람과 그들의 사고방식을 변화시키는 힘이 있고, 바로 이 점을 정치가들이 두려워합니다.

나라

자체적인 정부와 국경이 있는 일정한 땅을 가리키는 정치적·지리적 용어로, 다른 나라들로부터 존재할 권리를 인정받는 영토입니다. 특정한 나라에 살려면 그 나라 국적을 가진 국민이거나 그곳에 살아도 된다고 정부가 인정한 비자를 받아야만 해요. 나라는 자체적인 법률을 만들고 시행할 수 있지만, 국제법도 따라야 해요. 다른 나라와 조약을 맺고 국제기구에 가입할 수도 있어요.

권리

권리는 어떤 일을 할 수 있다고 법률이 보장하는 것이에요. 그러나 권리 중에는 모두의 지지를 받지 못하는 것도 있어요. 예를 들어 어떤 나라에서는 국민이 총을 소유할 수 있는 권리가 있고 누구도 이를 막을 수 없답니다. 법적 권리지요. 하지만 이를 반대하는 사람들도 있어요. 또 인권은 대부분의 사람과 나라가 누구나 마땅히 누려야 한다고 생각하는 규범들이에요. 원하는 사람을 사랑할 권리, 가족에 대한 권리, 교육에 대한 권리 등이 인권에 포함되지만, 이것도 모두가 동의하지는 않아요.

책임

책임은 어떤 일을 알아서 맡는다는 뜻이에요. 정치에서는 국민의 역할을 제대로 하기 위해 하는 일, 정부가 해주는 일에 대한 대가로 사람들이 하는 일을 말합니다. 정치인들이 법, 경찰, 의료 서비스를 제공하여 국민을 안전하고 건강하게 지키겠다고 약속하면, 그 대가로 국민은 법을 지키고, 자원을 낭비하지 않으며, 최선을 다해 건강을 유지할 책임이 있어요. 모든 사람의 이익을 위해 노력하는 합리적인 사람이 되는 것이지요.

유토피아

16세기 영국 철학자 토마스 모어가 현실에 없는 가상의 섬에 붙인 이름이에요. 유토피아에서의 삶은 완벽해요. 하지만 이 생각을 비판하는 사람들도 있어요. 사람마다 원하는 게 다르기 때문에 불만을 가진 사람은 분명히 있을 것이고, 따라서 그런 세상은 불가능하다고요. 그래서 유토피아는 이루어질 수 없는 완벽한 삶에 대한 상상을 의미해요. 만약 누군가가 유토피아를 그린다고 말하면 그 사람은 꿈을 꾸거나 불가능한 것을 상상한다는 뜻이에요.

디스토피아

디스토피아는 유토피아와 반대 개념이에요. 정부의 부패나 과도한 통제로 사람들이 부당하게 고통받는 상상 속 사회지요. 여기에서는 음식 등 필요한 물품을 얻을 수 없고, 생활 전반을 책임지는 사업도 할 수 없어요. 누구를 사랑하고, 어떤 일을 할지 선택할 수도 없어요. 책이나 영화에서는 세계가 엄청난 재난을 겪은 뒤 폐허에서 시작되는 새로운 사회로 묘사될 때가 많아요. 누군가가 디스토피아라고 말하면 사회가 제대로 작동하지 않고 사람들이 고통받고 있다는 뜻이에요.

페미니즘
....

여성에게도 남성과 동등한 선택권과 기회를 부여할 것을 요구하는 것이 페미니즘이에요. 어떤 사회에서는 여성에게 교육의 기회를 적게 주거나, 재산을 소유하지 못하게 하는 등 뚜렷한 차별들이 있어요. 또 스포츠에 참여할 수 없다거나, 어떻게 옷을 입어야 한다거나, 집안일을 모두 해야 한다거나, 특정 직업은 여성에게 적합하지 않다는 등 은연중에 존재하는 차별들도 있지요. 페미니스트들은 정치·경제·사회에 내재된 불합리를 개선하여 모든 사회 구성원이 차별 받지 않는 동등한 권리를 가져야 한다고 말합니다.

관용

자유로운 사회에서는 남에게 해를 끼치지 않는 한 누구나 자신이 원하는 대로 살 수 있어요. 성별에 관계없이 원하는 사람을 사랑하고, 종교를 선택하며, 자신의 의견을 표현할 수 있어요. 관용Tolerance 은 사람들에게 이런 권리가 있다는 사실을 받아들이는 것이에요. 다른 사람의 선택이나 관점에 동의하지 않더라도 그들의 권리를 제한하지 않고 더불어 행복하게 사는 것이지요. 관용은 개인적으로나 국가적으로 다양성을 환영한다는 것을 의미해요.

정치 선전

정치 선전은 사람들의 생각과 행동에 영향을 주기 위해 특정한 정당이나 조직이 내놓는 메시지예요. 균형 잡힌 시각보다 자신들의 주장을 뒷받침하는 사실들이 대부분입니다. 정치 선전은 포스터, 전단, 미술 작품, 영화, 텔레비전 프로그램, 심지어 SNS 등 모든 형태의 미디어를 이용하지요. 어떤 정치인의 좋은 점만 부각시키는 포스터나 특정 시대의 좋은 모습만 보여주는 영상 등이 정치 선전의 한 예입니다.

스핀

'스핀spin'은 구기종목에서 공을 원하는 방향으로 보내기 위해 회전을 주는 기술이에요. 정치에서는 어떤 정당이나 인물에게 유리하도록 사실을 왜곡하거나 부분적인 정보만 제공하는 것을 말해요. 예를 들면 정치인들이 어떤 정책의 나쁜 점은 언급하지 않은 채 좋은 점만 계속 강조하는 것이지요. 홍보의 한 형태인 스핀을 전문적으로 다루는 사람들을 '스핀 닥터' 또는 '홍보 기술자'라고 불러요.

미디어

미디어는 많은 사람에게 정보를 전달하는 방법이에요. 신문, 텔레비전, 라디오, 인터넷 등이 미디어의 형태이고, 이것을 만드는 신문기자나 피디를 뜻할 때도 있어요. 정치인들은 메시지를 대중에게 전하기 위해 미디어를 이용하지만, 본래 미디어의 역할은 진실을 찾아서 사람들에게 알리는 것이에요. 정부의 통제를 받는 미디어는 진실을 말한다고 할지라도 믿을 수 없어요.

시사평론가

뉴스에 등장하는 주제를 사람들이 이해하기 쉽도록, 무슨 일이 왜 일어나고 있는지 자신의 분석과 의견을 미디어에 제공하는 전문가를 말해요. 이들은 어떤 일이 벌어지고 있는지 그리고 사건의 배경이 무엇인지 설명하거나 앞으로 어떻게 될지를 예측하기도 해요. 시사평론가들은 자신의 말이 틀림없이 맞는 것처럼 권위적으로 이야기하기 때문에 사람들은 그들의 말을 진지하게 받아들여요. 그러나 논의되는 주제에 대해 아는 것이 없어도 아무렇지도 않게 자신의 의견을 내놓는 시사평론가도 있답니다.

빈곤

돈이 없어서 의식주, 의료, 교육 등과 같은 기본적인 것을 누리지 못하는 상태를 말해요. 자기가 속한 사회의 다른 사람들보다 가진 것이 적을 때 이것을 '상대적 빈곤'이라고 합니다. 상대적 빈곤은 쉽게 눈에 띄지 않을 수도 있어요. 먹을 것이 충분하고 사는 집도 있지만 같은 나라에 사는 다른 사람과 비교해서 소유한 것이 훨씬 적을 수 있으니까요. 얼마나 많은 사람이 빈곤 속에 사는지, 그들이 어떻게 보살핌을 받는지에 따라 정치가들의 능력을 판단할 수 있어요.

부자

두 사람이 가진 돈의 양은 같지만 한 사람은 자신이 사는 나라에서 그 돈으로 많은 물건을 살 수 있고, 다른 사람은 그렇지 못할 수 있어요. 이런 경우 첫 번째 사람만 부자예요. 그래서 돈이 얼마나 많은지, 그 돈으로 얼마큼 살 수 있는지를 제대로 이해하려면 물가를 생각해야 해요. 나라가 부유하다는 것은 국민의 생활 수준이 높다는 뜻이에요. 좋은 집에서 살고, 먹을 것도 충분하며, 꼭 필요하지 않은 물건들도 많이 갖고 있지요.

자본주의

옷가게에서 돈을 내고 옷을 산다면, 그리고 그 돈의 일부가 옷가게 주인의 은행 계좌로 들어간다면 우리는 자본주의 체제에 사는 거예요. 자본주의에서는 물건을 사고파는 거래가 정부가 아닌 사업을 통해 이루어져요. 개인의 이윤 추구를 목적으로 하지요. 이론적으로 자본주의에서는 고객을 얻기 위한 경쟁이 혁신과 발전을 가져온다고 하지만 실제로는 과도한 비용 절감과 안전성 문제가 생긴다고 비판하는 사람들도 있어요.

사회주의

생산 수단을 개인이 아닌 국가나 노동자들이 관리할 때 더 공정한 사회가 된다고 믿는 정치사상이에요. 생산 수단이란 물건을 만들 때 사용되는 재료, 도구, 기계, 그리고 물건이 만들어지는 공장이나 장소를 말해요. 현대 사회주의 형태 중에는 이윤을 위해 물건을 사고파는 시장 경제는 유지하면서 부를 좀 더 평등하게 나누기 위해 정부의 규제를 적용하기도 해요. 많은 사회주의자가 진정한 사회주의가 아닌 '배신'이라고 비판하지만요.

경제학
· ·

시간과 기술을 포함하여 우리가 사용하고 만드는 모든 것이 자원이며, 이런 자원에 관한 연구가 경제학입니다. 경제학은 미시경제학과 거시경제학으로 나뉘어요. '거시'는 크다는 뜻으로 한 나라가 얼마나 많은 돈을 가졌는지 또는 무엇을 생산하는지 등을 살펴보지요. '미시'는 작다는 뜻으로 개인, 가정, 사업체 등이 물건을 어떻게 만들고, 사고, 이용하는지를 살펴보는 것이에요. 경제학자들은 자신들의 연구와 인간 행동의 이해를 기반으로 미래를 예측해서 계획을 세울 수 있게 한답니다.

재무

정부가 하는 일 중에서 돈을 담당하는 부분을 재무라고 하며, 그런 부처를 재무부 우리나라는 기획재정부 라고 해요. 이곳에서는 세금으로 걷은 돈을 관리하며, 정부가 나라를 운영하는 데 얼마나 쓸 수 있는지 예산을 결정해요. 정부의 다른 부처들이 주어진 일을 하기 위해서는 재무부로부터 돈을 받아야 하기 때문에 재무부의 총책임자는 상대적으로 강력한 힘을 갖는답니다.

예산
· ·

얼마가 들어올 것이라는 예상 수입과 그 돈을 어디에 쓸지 지출 목록을 만드는 것이 예산이에요. 정치에서 예산을 말할 때 수입은 주로 세금이나 국채로 들어와요. 국채는 국민이나 회사가 정부에 돈을 빌려주는 한 방법이에요. 지출은 주로 의료, 교육, 국방 등과 같은 서비스와 건물이나 도로 같은 사회기반시설에 사용됩니다. 정부는 예산을 통해 돈이 얼마나 있고, 어디에 쓰려는지 국민에게 알릴 수 있어요.

부채

정부가 돈을 빌려서 생기는 나라의 빚이 국가 부채예요. 이 빚은 국채^{정부에게 돈을 빌려주는 저축 방식}를 산 일반인들이나 다른 나라 또는 국제기구로부터 얻어요. 부채는 정부가 나라를 위한 것들에 투자하는 데 도움을 줘요. 새 차를 사거나 더 좋은 집을 사기 위해서 개인이 빚을 지는 것처럼 말이지요. 그렇지만 부채가 너무 많은 국가는 빚을 갚기 위해 공공 서비스에 돈을 적게 쓰는 긴축 재정을 실시해야 해요.

좌파

어떤 정치인이나 사상을 좌파, 우파 또는 좌익, 우익이라고 말할 때가 있어요. 이 말은 프랑스혁명 때 군주제를 지지하는 사람들이 왕의 오른쪽에, 개혁을 원하는 사람들이 왼쪽에 앉았기 때문에 생겨났어요. 좌파는 국가가 경제나 공공 서비스를 통제하고 사람들의 삶에 관여해야 한다고 생각하고, 세금을 통한 부의 재분배로 불평등을 해소할 수 있다고 믿어요. 즉, 부자들에게 걷은 세금을 모든 사람이 이용하는 공공 서비스와 가난한 사람들을 위한 복지에 사용하자는 것이에요.

우파

경제적인 면에서 우파는 물건을 사고파는 것에 규율을 적용하기보다는 공급^{얼마나 많이 있는지}과 수요^{얼마나 많은 사람이 그것을 원하는지}의 균형에 따라 가격이 저절로 결정되기를 바라요. 우파 중에는 매우 부자인 사람들도 있는데, 이들 중 일부는 부의 불평등을 문제 삼지 않아요. 우파는 개인의 책임을 강조하면서 자신의 가족은 스스로 돌봐야 한다고 생각해요. 사회적으로는 좌파면서 경제적으로는 우파인 사람들도 있고, 그 반대인 경우도 있어요.

전쟁

사람들 사이에 의견 충돌이 있을 때 문제 해결을 위해 누구 힘이 센지 가리는 것을 싸움이라고 해요. 국가 사이에 무력을 동원해 싸우면 그것을 전쟁이라고 부르지요. 때로는 한 나라가 다른 나라의 땅을 탐내서 전쟁이 시작되기도 하고, 다른 나라 정부가 실행하는 무언가가 싫어서 그것을 멈추려고 전쟁을 일으키기도 해요. 내전은 한 나라의 두 집단이 서로 싸우는 거예요. 국제법은 인도주의적 차원에서 전쟁 중에 민간인이나 의료진 등을 보호하는 규칙을 정해 놓았답니다.

조약

두 개 이상의 국가가 공식적인 합의를 맺는 것을 조약이라고 해요. 조약은 국가 사이의 무역, 나라의 국경, 종전^{전쟁을 끝내는 것}, 환경 훼손 등의 문제에 관한 것으로 국제법의 일부이며, 합의한 사항을 지켜야 해요. 조약은 약속 이상의 의미를 지니기 때문에 파기 조항이 없다면 좋든 싫든 반드시 지켜야 해요.

지도자

한 조직을 공식적으로 책임지는 사람을 지도자라고 합니다. 국가의 지도자는 보통 정부의 우두머리입니다. 대부분의 조직이 그런 것처럼 정당도 지도자가 있어요. 시위대에도 언제, 무엇을, 어떻게 할지 결정하는 한 명 또는 여러 사람의 지도자가 있어요. 하지만 지도자가 항상 권력을 가진 것은 아니에요. 구성원들이 시키는 대로 해야 하거나, 힘 있는 사람이 뒤에서 조정하기도 한답니다. 그런 때에도 지도자는 명목상 최고 책임자로 외부 세계에서 그 집단을 대표해요.

독재자

독재자는 엄청난 권력을 가지면서 모든 규칙을 혼자 만들고 결정하는 지도자예요. 독재자는 보통 권력을 남용하고 자리를 지키기 위해 뭐든지 해요. 비밀경찰을 이용하여 국민을 감시하기도 하고, 자신의 지지자들에게 유리한 법을 만들기도 한답니다. 독재자는 사람들이 자기를 비판하지 못하게 막고, 더 중요한 사람으로 보이기 위해 곳곳에 동상을 세우고, 포스터를 붙여요. 나쁜 일을 하지 않는 독재자는 '선의의 독재자'라고 불러요.

부패

영국의 정치가이자 역사가인 액튼 경은 "권력은 타락하기 쉬우며 절대 권력은 반드시 부패한다."라고 말했어요. 정치에서 부패하지 않는 것이 매우 힘들다는 의미지요. 부패는 권력을 가진 사람이 자신의 이익을 위해 부정직하게 행동하는 것이에요. 예를 들면, 어떤 일을 하면서 대가를 받는다거나, 알려주면 안 되는 정보를 주는 등 개인적 차원일 수도 있고, 지원이나 부탁의 대가로 정부의 일을 맡게 하는 공적인 차원일 수도 있어요.

스캔들

무엇이든 대중에게 충격을 주는 것이 스캔들이에요. 정치에서는 정치인이 법을 어기거나 바람을 피운 것, 돈을 받고 어떤 일을 한 것, 적임자가 아님에도 특정 임무를 맡기는 것 등이 발각되면 스캔들이라고 하지요. 미디어는 스캔들을 좋아해요. 정치인들에게 경각심을 줄 뿐 아니라 독자들이 흥분하며 읽기 때문이지요. 그래서 기자들이 스캔들을 파헤치기 위해 노력한답니다.

청원

고대 이집트에서는 노예들이 노동 여건에 불만이 있을 때 통치자에게 개선을 요청하는 문서를 보냈어요. 현대 역사가들은 그것을 최초의 청원이라고 생각해요. 많은 사람이 뭔가를 요청하기 위해 자신의 이름을 적어내는 것을 청원이라고 해요. 이 일은 단순히 종이에 이름을 적어 요청하는 것에서부터 책임자들에게 바로 전달되는 웹사이트나 공식문서에 이름을 올리는 것까지 광범위합니다. 청원은 그 주제에 관심을 가지고 있는 사람들이 얼마나 많은지 권력자들에게 알려주는 평화로운 방법 중 하나입니다.

저항

불만이 있을 때 생각으로 그치지 않고 실제로 행동하는 것이 저항이에요. 저항은 어떤 권력자가 입장해도 자리에서 일어나지 않거나, 연설 중에 손뼉을 치지 않는 등 아주 사소한 행위부터 수백만 명과 스크럼을 짜고 행진하며 시위하는 적극적인 행위까지 다양해요. 때로는 작은 행동이 실제로 큰 영향력을 발휘하기도 해요. 미국에서 인종 차별이 있던 시기에 버스에서 백인에게 자리를 내주기를 거부했던 로자 파크스 같은 경우가 그렇답니다.

동맹

공통의 목표를 위해 국가나 사람들이 함께 움직이는 것을 동맹, 또는 동맹 관계라고 합니다. 정치적 동맹은 정당들이 한편이 되어 선거운동을 하거나 선거 이후에 연립정부^{한 개 이상의 정당으로 이루어진 정부}를 결성하기로 공식적으로 합의하는 것이지요. 전쟁이 났을 때 공동의 적에 대응하기 위해 무기나 정보를 공유하며 함께 싸우는 국가들의 집합을 연합군 또는 연합국이라 합니다.

공화국

전 세계 절반이 넘는 국가가 국가명에 '공화국'이라는 단어를 사용하고 있어요. '공적인 업무'를 뜻하는 라틴어 레스 퍼블리카^{res publica}에서 나온 말이지요. 공화국에서는 나라를 대표하는 국가 원수가 왕이나 여왕처럼 통치자 자격을 저절로 물려받지 않으며, 국가가 국민에 속해 있다고 인정해요. 국가 이름에 공화국이라는 단어를 사용하는 모든 나라가 실제로 민주적인 것은 아니에요. 하지만 그 나라에 선거와 헌법이 존재하며, 한 사람 또는 특정 집단이 모든 권력을 갖지 않는다는 사실을 암시합니다.

후보자

고대 로마에서는 정치적 역할을 하겠다고 나서는 사람들이 하얀색 토가 toga 를 입었어요. 군중 속에서 눈에 띄기 위해서였죠. 이런 이유에서 영어로 후보를 뜻하는 단어는 '하얀색'을 뜻하는 라틴어 칸디두스 candidus 에서 나왔답니다. 요즘은 후보자들이 튀는 것보다는 가능한 한 자신이 대표하는 사람들과 비슷하게 보이려고 노력해요. 선거에서 당선되기 위해 일정한 자격을 갖추어 나선 사람들 모두를 후보자라고 합니다.

지역구

지역구는 자신들의 대표자를 선출하는 집단, 또는 선출된 사람이 대표하는 지역에 쓰는 말이에요^{때로는 선거가 지역 이외의 것을 기준으로 하기도 하지만요}. 정치를 위해 나눈 지리적 지역은 선거구, 지구, 관할구, 지역구 등 여러 이름으로 불리기도 합니다. 당선자가 모든 지역구민의 표를 받지는 않았더라도, 투표한 모든 사람을 대표하는 역할을 합니다. 물론 어린이들처럼 투표권이 없는 사람들까지 포함해서요.

토론

토론이란 어떤 주제에 대해 다른 견해를 가진 사람들이 공식적으로 만나 자신들이 그렇게 생각하는 이유를 설명하는 것이에요. 정치인들 사이의 토론은 종종 투표로 결론이 나지요. 민주주의 국가에서는 새로운 법안을 만들려면 이런 투표에서 이겨야 해요. 공개토론은 정치인들이 대중의 지지를 얻기 위해 서로 반대되는 주장을 펼치는 거예요. 선거일이 되기 며칠 또는 몇 주 전에 후보자들이 직접 만나거나 TV를 통해 한 번 또는 여러 번 토론을 벌일 수도 있어요. 자신들이 선출되면 어떤 일을 할 것인지 이런 토론을 통해 얘기하는 것이지요.

웅변술

설득력 있게 말하는 기술을 웅변술이라고 해요. 정치인들은 자신이 하려는 일을 사람들이 믿도록 웅변술에 능해야 해요. 사람들을 주목하게 만들고, 메시지를 뇌리에 새기기 위해 사용하는 웅변술은 상당히 많아요. 반복법은 효과가 아주 좋아요. 과장법도 있고요. 또 "가난한 사람이라고 모두가 무식합니까?"라며 당연한 사실을 대중에게 물어 그것을 강조하는 설의법도 있습니다.

정당

정치적 신념을 공유하는 사람들은 함께 모여 정당을 만들 수 있어요. 각 정당은 규칙을 만들고, 이 규칙에 따라 어떻게 지도자를 정할지, 어떻게 후보자를 선택할지, 정권을 잡았을 때 어떤 정책을 펼칠지를 결정해요. 정당의 당원들은 경제 운영 방향이나 국가를 조직하는 방법과 같은 일반적인 원칙에는 대체로 동의하지만, 세부적인 사항은 의견이 다를 수 있어요. 일부 국가들은 정당이 하나밖에 없어서 정권을 잡기 위해 같은 정당 내의 다른 그룹과 경쟁을 벌이기도 해요.

야당

선출된 의원은 있지만, 정부를 운영하는 정당이 아닌 정당들을 일컬어 야당이라고 해요. 건강한 민주주의는 힘 있는 야당이 존재합니다. 야당은 입법부에서 제정한 법안들을 정부가 제대로 집행하는지 정부를 면밀하게 살피고 때로는 설명을 요구해요. 독재국가들은 야당을 억압해서 그들이 하는 일을 제지하고 야당 편에 선 사람들의 삶을 힘들게 하거나 그 존재 자체를 불법으로 만들어요. 일부 독재체제들은 의도적으로 작은 야당들을 내세워 민주주의 체제가 아님에도 그렇게 보이려고 한답니다.

위원회
· ·

결정권을 가진 집단이 어떤 사안에 관해 적절한 논의를 할 수 없을 정도로 규모가 커지는 경우가 종종 있어요. 위원회는 상대적으로 작은 규모의 집단으로, 특정한 과제를 수행하기 위해 사안들을 세밀하게 들여다보는 일을 하지요. 이런 과제에는 어떤 법안이 제대로 작성되었는지 확인하거나 일을 처리하는 방식을 제안하는 것 등이 포함됩니다. 그런 다음 위원회는 정부 책임자들에게 사안에 대해 건의해요. 위원회를 운영하는 사람을 위원장이라고 하는데 어떤 사안을 논의할지 누구에게 발언권을 줘야 할지 결정하는 사람이에요.

감사

감사^{勘査, audit}는 어떤 일을 면밀하게 조사하고 토의한다는 뜻이에요. 정치에서는 정치인들이 다른 정치인들의 업무를 자세히 살펴보는 것을 의미해요. 모호한 법안을 만든다거나 불필요한 돈을 쓰지 않고 최선의 방식으로 정책이 실행되는지를 확인하는 것이죠. 보통 위원회라고 하는 소모임에서 다른 정치인들이나 전문가들에게 공식적인 질문을 하고, 새로운 법안을 상세히 검토합니다. 언론인들이 현재 일어나고 있는 일을 세밀하게 관찰하는 것을 언론 감사라 하고, 국민이 이런 일을 하는 것을 대중 감사라고 해요. 본질적으로 감사는 일이 잘못되지 않도록 엄밀히 지켜보는 것을 의미해요.

국민

국민이라는 말은 공식적으로 특정한 국가의 '구성원'이라는 뜻이에요. 한 나라의 국민은 투표권이나 토지 소유권 같은 다른 국민들이 가지는 권리는 무엇이든 다 가진다는 뜻이지요. 하지만 국민 또는 시민이라는 단어가 그 이상의 의미로 사용되기 시작했어요. 어떤 특정 업무에 고용된 사람이 아니라 보통 사람들이 하는 일을 의미하죠. 예를 들어 시민이 누군가를 체포했다는 말은 경찰이 아닌 일반인이 체포했다는 말이지요. 국민 언론이라는 것도 언론인이 아닌 누군가가 뉴스를 보도하는 것을 말하는 거예요.

계급

정치 철학자 카를 마르크스는 계급^{사회계급이라고도 해요}이란 다른 사람에게 '고용되어' 돈을 벌거나 다른 사람을 '고용해서' 돈을 버는 것에 관한 것이라고 말했어요. 이 밖에도 수많은 다른 조건으로 사람들을 구분할 수 있어요. 태어난 집안 배경, 하는 일, 소유한 재산, 교육 정도, 말하는 방식과 옷을 입는 방식 등이 기준이 되기도 해요. 이런 것들이 모여서 어떤 특정한 계급이 만들어져요. 그런 것들은 우리가 사는 방식과 우리의 야망, 그리고 다른 사람들이 우리를 보는 관점과 우리가 자신을 보는 관점에 영향을 미칠 수 있어요.

헌법

어떤 국가나 조직을 지배하는 하나의 원칙이나 근본적인 믿음을 헌법이라고 해요. 그것이 한 장 또는 여러 장의 문서로 작성되어 있으면 성문헌법이라고 하고, 법령, 판례_{판사들이 법을 해석하여 이전에 내린 판결}, 관례_{지금까지 계속 따라왔던 불문율} 등으로 이루어져 있지만 한 곳에 적혀 있지 않으면 불문헌법이라고 해요. 헌법은 정부와 통치자들이 할 수 있는 일과 할 수 없는 일을 정해 주고, 국민의 권리를 보장해 준답니다.

평등

세계 여러 곳에는 자신의 정체성으로 인해 불평등한 대우를 받는 사람들이 있어요. 예를 들어 여성 또는 동성애자이기 때문에, 특정 종교와 피부색 때문에, 그리고 사회계급에 따라 차별을 받기도 해요. 평등은 모든 사람이 똑같다는 말이 아니에요. 차이점에도 불구하고 모든 사람이 공평한 대우를 받아야 한다는 것이지요. 평등이란 사람들이 똑같은 권리와 기회를 가지는 것을 의미하며, 민주주의에서 모든 사람의 투표는 완전히 똑같은 가치를 지닌답니다. 또한 법을 어겼을 때는 누구나 똑같이 처벌받고, 뭔가가 부당하다고 느끼면 누구나 동등하게 법에 호소할 수 있어야 해요.

세계화

전 세계 사람, 정부, 기업 등이 서로 의견을 나누고, 무역을 하며, 정보를 공유하는 것이 세계화예요. 우리가 다른 나라에서 뭔가를 사거나 지구 반대편의 누군가와 소통을 한다면 세계화를 경험하는 것이지요. 어떤 사람들은 이것을 나쁘다고 생각해요. 부유한 사회가 세력을 넓혀 가난한 나라 사람들에게 자신의 생활방식을 강요하고, 자원을 착취하며, 그들의 전통적인 생활양식을 파괴한다고 보기 때문이에요. 하지만 세계화를 받아들이는 사람들은 이것이 생각, 정보, 기술 등의 교환을 돕고, 다른 문화에 대해 알게 해준다고 생각하지요.

이데올로기

하나의 정책들 뒤에 있는 주된 사상을 이데올로기라고 해요. 어떤 이데올로기를 가지고 있으면 그 이데올로기를 구현하는 사회를 만들기 위해 그에 걸맞은 것들을 믿고, 그에 어울리는 일상생활의 변화를 원하지요. 예를 들어 사회주의 이데올로기를 갖고 있다면 개인의 자유보다 사회의 이익이 더 중요하다고 믿어요. 한편 자유주의 이데올로기를 갖고 있으면 개인의 자유가 사회 전체의 필요와 요구보다 훨씬 더 중요하다고 믿지요.

산업화

주로 농업에 기반을 두었던 국가나 사회가 공장에서 기계를 사용해 뭔가를 만드는 사회로 변하는 것을 산업화라고 해요. 산업화는 엔진의 새로운 형태나 전기를 발생시키는 새로운 방법처럼 획기적인 것이 발명되었을 때 일어나는 경우가 많아요. 이때 공장의 일거리는 늘어나고 농장의 일거리는 줄어들면서 사람들이 일을 찾아 도시로 옮겨가요. 그러면서 사람들이 사는 방식도 완전히 바뀌게 되지요. 무엇을 먹는지에서부터 어떻게 시간을 보내고, 집에서 누구와 함께 사는 것까지요. 이것이 산업화예요.

조합

비슷한 직업을 가진 사람들이 직장 안에서의 권리를 보호받기 위해 조직한 단체를 노동조합이라고 해요. 조합은 사람들이 함께 모여 더 높은 임금이나 더 나은 노동조건을 요구할 때 더 강력한 힘을 발휘한다는 생각을 바탕으로 하는 조직이에요. 이것을 단체교섭이라고 해요. 조합은 실직 등 직장에서 문제가 있는 조합원들에게 도움을 주고, 교육이나 동호회 같은 서비스도 제공합니다. 원하는 것을 얻지 못하면 모든 조합원에게 일을 중단하라고 말할 수도 있어요. 이런 것을 파업 또는 노동쟁의라고 합니다.

국내총생산

어떤 사회에서 만들어 내는 모든 것과 제공되는 모든 서비스의 가치를 더하면 국내총생산GDP이 됩니다. 경제학자들과 정치인들이 GDP에 관심을 두는 이유는, GDP가 올라간다는 것은 그 나라와 국민이 더 부유해진다는 것을 의미하기 때문이에요. 보통 사람들은 GDP에 관한 관심이 덜해요. 사랑에 빠진다든지 다른 사람을 돌보는 일처럼 돈과 상관없이 중요한 것들이 있기 때문이지요. 하지만 GDP는 정치인들이 경제적으로 얼마나 일을 잘하고 있는지, 다른 국가나 국내 기록을 비교할 수 있게 해줍니다.

상거래

상거래는 무언가를 사고파는 일이에요. 자동차나 컴퓨터, 초콜릿 등 눈에 보이는 것들이나, 교육, 돌봄, 정보 등의 서비스도 사고팔 수 있지요. 대개 상거래는 시장이라는 시스템 안에서 물건을 파는 개인이나 단체에 돈을 지불하는 것을 말해요. 자유시장은 가격이나 사고파는 물건에 관한 규정이 없어요. 만약 말을 주고 마법의 콩을 얻는 것처럼 어떤 물건을 다른 것과 교환한다면 그것은 물물교환이라고 해요. 국가 간에 물품을 매매하는 것을 무역이라고 하는데 국가들은 무역을 할 수 있는 품목과 세금을 얼마나 부과할 것인지에 대해 서로 협정을 맺는답니다.

재산

여러분이 뭐가 소유하고 있다면 재산이 있다고 합니다. 재산은 땅처럼 큰 것일 수도, 책이나 장식품처럼 작은 것일 수도 있어요. 뭔가가 여러분의 재산이라면 여러분은 그것을 사용하거나 팔거나 기부하거나 심지어 부숴버릴 수도 있어요 법을 어기는 일만 아니라면 말이지요. 공공재산은 국가가 소유한 것으로 국민을 위해 정부가 관리해요. 과거에는 땅을 소유해야만 투표를 할 수 있는 나라도 있었고, 재산이 있는 사람은 그렇지 않은 사람들보다 더 중요한 존재로 여겨지기도 했어요.

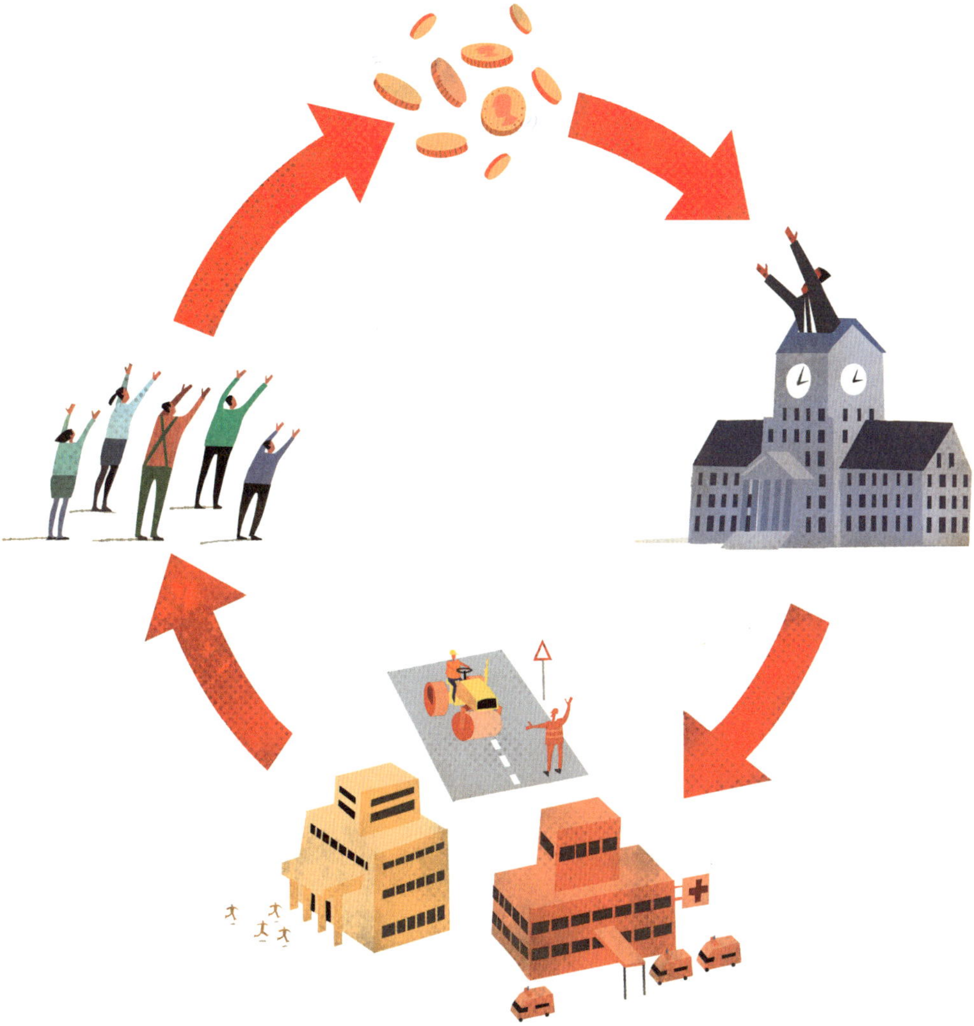

세금

정부에서 돈을 거두어 가는 것을 세금이라고 해요. 우리가 번 돈을 직접 가져가기도 하고, 때로는 물건을 살 때 추가로 내기도 해요. 또 사는 지역이나 주택의 가치를 근거로 세금을 내기도 하지요. 이런 세금은 학교나 병원, 도로 등과 같이 누구에게나 필요한 것들을 만드는 데 사용됩니다. 어떤 나라에서는 부자가 가난한 사람들보다 더 많은 세금을 내지만, 모든 사람에게 같은 세율을 적용하는 나라도 있어요. 이런 결정은 정치인들이 해요.

애국심

애국심은 자기 나라에 대한 강력한 애정이나 충성심을 말해요. 애국자들은 그 어떤 나라보다 자신의 나라를 사랑하기 때문에 분열을 조장하고, 나라를 힐난하거나 다른 국가를 비호하는 사람들을 비난해요. 이 때문에 환영받지 못하거나 다르게 대우받는다는 느낌을 받는 사람이 생기기도 하지요.

인종차별주의

피부색이나 인종적인 차이를 들어 어떤 사람들이 우월하다고 믿는 것을 인종차별주의라고 해요. 역사적으로 어떤 국가들은 공식적인 법률로 사람들에게 인종차별적인 방식을 부추김으로써 특정 집단을 차별하기도 했어요. 하지만 관용적이고 민주적인 사회에서는 인종차별적인 행동을 할 수 없도록 법으로 제한하고 있어요. 인종이나 피부색을 근거로 직업이나 집을 갖지 못하게 하고, 교육이나 의료보험 같은 서비스를 받지 못하게 하는 것을 막기 위해서요.

연방제도

연방제도는 다양한 유형의 정부에게 권력이 분산되어 있는 제도예요. 하나의 중앙정부가 국가 전체를 운영하고, 작은 자치정부들이 각각 특정 지역을 운영합니다. 각 자치정부는 명백하게 규정된 권력과 서로 동등한 지위를 가지고 있어요. 따라서 어느 자치정부가 더 중요하거나 덜 중요하지 않죠. 이런 제도에서는 국가 전체에 관한 결정을 내리는 중앙정부가 자치정부에 명령을 내릴 수 없어요. 중앙정부가 지방정부들을 통제하는 비연방제도와는 달라요. 연방제 국가로는 독일, 브라질, 인도, 남아프리카, 미국 등이 있어요.

지방분권
· ·

어떤 국가의 중앙정부가 작은 단위인 지역 정부에 권력을 넘겨주는 것을 지방분권 또는 권력 이양이라고 해요. 지방정부와 중앙정부 모두 자기 수준에서 법을 만들거나 세금을 인상하고 서비스를 제공할 권력과 의무가 있어요. 지방정부는 더 작은 규모의 공동체를 관할하는 정부를 가지기도 해요. 지역 정부가 지역 주민의 구체적인 생각과 요구에 더 잘 반응할 수 있다는 생각을 바탕으로 한 제도이지요. 규모가 매우 큰 국가에서는 지방정부가 책임져야 하는 사람이 수백만 명일 때도 있어요.

종교

종교는 하나의 규칙에 따라 삶과 신앙을 결합하는 믿음 체계, 또는 어떤 일을 할 때 이런 규칙을 따르는 것이 옳다는 믿음이에요. 전부는 아니지만 대부분의 종교는 유일신이나 다양한 신들에 대한 믿음을 이야기하고, 지구가 어떻게 만들어졌으며, 사람이 죽으면 어떻게 되는지에 대한 설명을 추구하지요. 종교는 정치적으로도 중요해요. 일부 국가에서는 지도자가 신앙을 갖기를 요구하고, 어떤 국가에서는 정치와 종교를 완전히 분리해요. 종교적인 국가에서는 정치인들이 임무에 적합한 인물인지 아닌지 판단할 때 종교를 이용하기도 합니다.

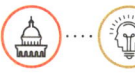

세속주의

종교적인 삶을 살지 않거나 특별히 종교를 믿지 않으면 세속적이라고 해요. 정치에서는 이 말이 종교단체와 정치단체가 완전히 분리된 것을 의미합니다. 따라서 종교지도자라고 해도 선출되지 않으면 정치적인 직업을 가질 수 없을 뿐 아니라 종교법이 국가법에 속하지도 않아요. 정부의 재정 지원을 받는 학교들도 종교와 연관이 없으며, 정치적 결정도 종교의 영향을 받지 않아요. 세속적인 국가의 국민은 종교 선택의 자유가 있고, 종교를 가지지 않아도 불이익이 없답니다.

공산주의

공산주의에서는 개인이 재산을 소유하거나 이익을 남길 수 없으며, 형성된 재산은 국가에 귀속됩니다. 이론적으로는 필요에 따라 재산이 공평하게 분배되어야 하지만, 실제로는 지도층이 더 많이 갖지요. 정치적으로 공산국가는 반대당 없이 공산당만 있는 경우가 많으며, 정부에 이의를 제기하거나 반대하는 것이 허용되지 않아요. 그동안 공산주의 사회는 수백만 명의 사람들을 살해하고 억압하는 독재체제로 묘사됐지만 항상 그렇게 단순하지는 않아요. 예를 들어 중국은 정치적으로는 공산주의이지만 경제적으로는 자본주의를 채택했어요.

혁명

사회조직의 방식이 완전히, 급격하게 바뀌는 것을 혁명이라고 해요. 예를 들어 한 사회를 자본주의에서 공산주의로 또는 독재에서 민주주의로 바꾸는 것이에요. 혁명은 변화를 요구하는 많은 사람이 모여 "투덜대는 백만 명의 불만에 불을 붙이는 불씨"로^{어떤 작가의 표현이에요} 시작돼요. 이 말은 우리 삶이나 일하는 방식의 완전한 변화를 의미하기도 해요.

개성

개성은 나를 다른 사람과 다르게 드러내는 것이에요. 우리는 건방지거나 친절하거나 사려 깊거나 심술궂을 수 있어요. 아니면 이 모든 개성이 때에 따라 다른 정도로 드러나기도 해요. 정치적으로 국가 지도자의 개성은 그 나라가 스스로를 바라보는 방식과 다른 나라가 그 나라를 바라보는 관점에 영향을 미칩니다. 예를 들어 지도자가 인종차별주의자면 일반 국민들은 인종차별을 해도 된다고 생각할 수 있어요. '개인 숭배'는 지도자가 자신을 완벽한 이미지로 색칠하여 자기가 지도자가 될 수밖에 없는 특별한 자질을 지녔다고 선전하는 것이에요.

공개 지지

정치적인 공개 지지는 개인이나 단체가 어떤 후보자나 정당을 지지한다고 선언하는 것이에요. 이는 지지를 받는 사람에게 도움이 될 수도 있고, 그렇지 않을 수도 있어요. 예를 들어 총기 소지를 지지하는 단체가 어떤 후보를 공개적으로 지지한다면, 총기를 인정하지 않는 사람들은 그 사람에게 투표하지 않을 수도 있지요. 때로는 누군가와 가깝게 지냄으로써 자기 세력을 과시하거나 성공한 것처럼 보이고 싶어서, 또는 권력을 가진 사람의 마음에 들고 싶어서 선거에서 이길 것 같은 사람을 공개적으로 지지하기도 해요.

군주제

....

군주제는 왕이나 여왕^{다른 칭호를 사용하는 경우도 있어요}이 국가의 수반인 나라를 말해요. 국가의 수반이란 그 나라를 대표하는 사람을 의미합니다. 절대군주제에서는 이 사람이 법을 만드는 책임자이기도 해요. 법률 제정을 책임지는 정치인들을 따로 선출하는 국가에서는 왕이나 여왕의 역할이 의례적이고, 정부를 대신해서 행사에 참석하는 정도가 대부분이에요. 이런 경우는 입헌군주제라고 하지요. 군주제에서 '국가의 최고 대표자'라는 군주의 역할은 보통 세습돼요. 군주가 사망하면 첫째 자녀가 그 일을 물려받는답니다.

군대
....

군대는 나라를 방어하는 임무를 가진 사람들로 이루어진 조직이에요. 어떤 나라들은 군대를 다른 나라나 심지어 자기 국민을 공격하는 데 사용하기도 해요. 군대를 이루는 조직은 육지를 기반으로 하는 육군, 바다에서 임무를 수행하는 해군, 그리고 공중에서 작전을 펼치는 공군이 있어요. 또 정부에서 국민에게 알리고 싶지 않은 임무를 수행하는 비밀조직도 있지요. 군대는 주로 제복을 입고 엄격한 규칙을 따른답니다. 군대가 자기 정부에 등을 돌리면 정부가 권력을 잃을 수도 있어요.

선거

정치적 대표자를 뽑는 방법은 아주 많아요. 때로는 그 역할을 물려받기도 하고, 때로는 이름을 올린 사람 중에서 무작위로 뽑기도 하며, 또 다른 경우에는 자격이 있는 후보자 중에서 선출하는 경우도 있어요. 현대에는 일반적으로 선거를 합니다. 당선되기를 원하는 사람이나 정당에 사람들이 투표하는 것이지요. 투표는 다양한 사람들이 서로 다른 것을 원할 때 단체로 결정을 내리기 위해 쓰는 방법이에요. 투표제도는 다양합니다. 한 번에 두 명 이상의 후보자에게 투표하기도 하고, 여러 번 선택하기도 해요.

국가

아무리 능력 있는 사람이라도 개인적으로 경찰을 설립하거나 세금을 요구하고 군대를 만들 수는 없습니다. 감옥을 만들어 사람들을 그곳으로 보낼 수도 없고요. 그런 일은 국가만이 할 수 있어요. 국가는 정부와는 달라요. 정부는 정책을 세우고, 국가를 운영하는 책임을 지지만 국가는 그들이 운영하는 하나의 조직이며 제도입니다. 국가는 서비스도 운영해요. 나라마다 다르지만, 학교나 건강보험 그리고 어떤 형태로든 정부가 운영하는 체제들을 포함해요.

로비

어떤 단체나 개인이 그들이 원하는 일을 하도록 정치인에게 영향력을 행사하고자 할 때 그것을 로비라고 불러요. 로비회사들은 비용을 지급한 고객들을 대신해서 정책 결정자들에게 접근하여 고객의 메시지를 전달해요. 로비에 비판적인 사람들은 정치인들이 국가의 이익에 따라 움직여야 하며, 로비회사들의 설득에 영향을 받아서는 안 된다고 말합니다. 로비회사들은 정치인들에게 돈을 줄 수 없어요. 왜냐하면 그것은 뇌물이니까요. 하지만 로비회사의 예산이 많을수록 자신들의 메시지를 전달하기 위해 시선을 끌 수 있는 행사나 이벤트에 더 많은 돈을 쓸 수 있지요.

환경보호주의

환경보호주의는 환경과 그것이 인간에 미치는 영향을 최우선 관심으로 하는 정치적 신념입니다. 기후 변화나 환경오염, 쓰레기 처리, 삼림 훼손, 물 부족과 야생 동식물 보호 등의 이슈가 포함되지요. 이것은 인간이 지구에 미치는 영향을 최소화하는 방법을 찾고, 지구상에 존재하는 기존의 기후와 자원, 동물의 유형을 보존하기 위해 싸웁니다. 초록색은 환경보호주의와 가장 흔하게 연결되는 색이에요. 식물과 자연, 봄과 관련된 재생의 느낌을 주기 때문이지요. 그래서 환경보호주의 정당들은 종종 '녹색당'으로 알려져 있어요.

법

정부가 만든 규칙들을 법이라고 해요. 부모님이나 학교가 만들 수는 없습니다. 법 개념의 핵심은 정의예요. 인생은 공정하고, 법은 모든 사람에게 적용된다는 의미입니다. 우리가 어떤 나라에 살면 그 나라의 법을 따라야 하고, 그 나라 법원의 영향력 아래에 있게 됩니다. 법원은 공정한 재판을 하고, 법에 따라 벌을 줍니다. 나라마다 법을 만드는 방식은 다양해요. 독재자들은 당장 결정을 내릴지 모르지만, 민주주의에서는 정치인들이 투표를 통해 법을 만듭니다.

사법부

국가를 효과적으로 운영하기 위해서는 법이 필요합니다. 만약 의견 충돌이 발생하면 이 법을 근거로 사법부에서 문제를 해결합니다. 법정에서 논쟁을 듣고 한 사람 또는 여러 사람이 법에 따라 결정을 내리지요. 판사들은 권리나 재산 분쟁, 또는 범죄 사건에서 누가 유죄이고 무죄인지 그리고 어떤 처벌을 내려야 하는지 결정합니다. 많은 국가에서는 일반인으로 구성된 패널이 누군가의 유죄 여부를 결정하는 배심원제도를 운영합니다.

자유주의

자유주의는 개인의 자유가 중요하다는 점을 강조하는 이념이에요. 자유주의자들은 다른 사람에게 해를 끼치지 않는 한 자신이 원하는 삶을 살고 자유롭게 상거래를 할 수 있기를 원합니다. 자유민주주의자들은 대부분 개인의 자유뿐 아니라 평등과 대표민주주의를 믿어요. 국가나 종교단체가 이래라저래라 할 수 없고, 모든 사람이 동등한 권리와 투표권을 가져야 한다고 생각하지요. 자유주의는 사람들이 자유를 거의 누리지 못했던 것에 대한 반작용으로 발전했어요. 이전에는 군주가 마음대로 법을 제정할 수 있고, 사회적 지위가 대물림되었으니까요.

보수주의

여러분이 보수주의자라면 급격한 변화를 좋아하지 않을 수 있어요. 보수주의는 가족이 우선인 전통적 가치관을 따르고, 사회 변화는 서서히 일어나기를 바라지요. 상황이 어떻게 전개되는지 보기 위해 신중하게 접근하는 것이에요. 보수주의자들은 국민의 삶을 통제하는 국가보다는 개인의 책임감을 믿습니다. 개인이 사유재산을 소유할 수 있고, 정부의 지나친 개입이나 과중한 세금 없이 시장에서 자유롭게 물건을 사고팔 수 있어야 한다고 믿지요.

가치관

가치관은 사람들이 가지고 있는 핵심적 믿음이에요. 다시 말해서, 무엇이 옳은지 그른지에 대한 의식이기 때문에 가치관에 따라 특정 정책이나 일의 운영 방식을 신뢰하게 되지요. 정치인은 자기가 어떤 사람인지 보여주기 위해, 또는 정치적 입장 좌익인지 우익인지을 넌지시 알리려고 자신의 가치관에 대해 말하기도 해요. 정당은 모든 당원과 대표자들이 이상적으로 믿는 가치관을 공유하는 집단입니다.

쿠데타

선거에서 이기는 번거로운 방법을 택하지 않으면서 현재 정부를 몰아내고 국가 통제력을 장악하고 싶다면 쿠데타를 일으켜야 해요. 이런 일을 벌이기 위해서는 가장 먼저 군부나 경찰의 지지를 얻어야 하지요. 하지만 조심해야 합니다. 쿠데타에 실패하면 종신형을 받거나 사형을 당하는 냉혹한 대가를 치르니까요. 민주적 쿠데타는 무력을 사용해서 비민주적인 정부를 제거하고, 이후에 선거를 통해 국민이 민주적인 정부를 세울 수 있게 합니다.

자유

다른 사람들에게 해를 끼치지 않는 한 내가 어떻게 살지 선택할 수 있고, 정부가 정당한 이유 없이 이를 막는 법을 만들지 않는다면 자유가 있는 거예요. 많은 국가에서 자유라는 개념은 국가 정체성의 중요한 일부이지요. 프랑스처럼 자유·평등·박애가 국가 정신인 나라도 있고요. 감옥에 갇힌 죄수들은 자유가 없고, 아무런 보수도 받지 못하고 일만 해야 하는 노예들도 자유롭지 않아요.

행복

행복은 최근에 와서 정치적으로 중요한 단어가 되었어요. 여러 국가에서는 국가의 성공을 나라 재산^{GDP}이 많고 적음으로 판단하지 않고, 국민이 얼마나 행복한지로 판단하는 논의를 시작했거든요. 여기서 말하는 행복은 환경의 질과 국민의 건강 등이 포함돼요. 부탄 같은 나라는 행복을 헌법의 목표로 삼고 국민총행복지수$^{Gross\ National\ Happiness}$를 측정할 정도예요. 하지만 이를 부탄의 인권 문제와 빈곤을 감추기 위한 것이라고 비난하는 사람들도 있어요.

용어사전

긴축 정부가 지출을 줄일 수 있도록 하는 경제정책. 부채를 줄이기 위한 것으로 대부분 공공 부문 서비스의 지출을 삭감합니다.

국경 보통은 지도 위에만 존재하는 경계선. 하지만 국가를 구별하는 표시로 강이나 산맥 같은 지리적 특징을 따라가는 경우도 있습니다.

쿠데타 프랑스어로 된 용어로 비민주적인 수단으로(합법적인 선거를 사용하지 않고) 정부가 전복되거나 교체되는 것을 말해요.

다양성 사람들이 인종이나 종교, 성별, 성적 취향, 나이, 신체적 능력, 정치적 신념, 재산 등등 모든 면에서 다른 것을 의미해요.

돈 물건이나 서비스에 대가를 지급하는 방식의 하나예요. 대부분 동전이나 지폐 형식을 띠고 있으며 받은 사람이 다시 사용할 수 있습니다.

저항 개인이나 사회에 강요된 어떤 것을 공개적으로 반대하거나 인정하지 않는 것을 말해요.

개혁 뭔가를 더 좋게 만들려는 소망으로 변화를 일으키는 것이에요.

사회 같은 정치적·지리적·문화적 제도 안에서 사는 사람들의 집단입니다.

연설 한 사람이 자기 생각을 전달하기 위해 청중을 상대로 계속 이야기하는 것으로, 질문과 대답 형식이나 대담과는 반대의 의미예요.

전통 이전 세대들로부터 이어져 내려오는 행동 양식이에요. 어떤 이유가 있다기보다 항상 그렇게 해왔기 때문에 특정 방식으로 일이 이루어집니다.

정치

초판 1쇄 발행   2022년 11월 1일

글쓴이	엘리너 레븐슨
그린이	폴 보스톤
옮긴이	김혜림

펴낸이	이혜경
펴낸곳	니케북스
출판등록	2014. 04. 7	제 300-2014-102호
주소	서울시 종로구 새문안로 92 광화문 오피시아 1717호
전화	(02)735-9515	팩스 (02)6499-9518
전자우편	nikebooks@naver.com
블로그	nikebooks.co.kr
페이스북	www.facebook.com/nikebooks
인스타그램	www.instagram.com/nike_books

ISBN 978-89-98062-52-1 73340

니케주니어는 니케북스의 아동·청소년 브랜드입니다.

책값은 뒤표지에 있습니다.
잘못된 책은 구입한 서점에서 바꿔 드립니다.

어린이제품 안전특별법에 의한 표시사항

제조자명 니케북스 제조국 대한민국 사용연령 8~13세 제조년월 판권에 별도 표기
주소 서울시 종로구 새문안로 92 광화문 오피시아 1717호 연락처 02-735-9515
주의사항 책 모서리나 종이에 긁히거나 베이지 않게 조심하세요.